TRAGALUZ DE NOCHE

PURA LÓPEZ COLOMÉ

TRAGALUZ DE NOCHE

LETRAS MEXICANAS **FONDO DE CULTURA ECONÓMICA**

Primera edición, 2003

López Colomé, Pura
    Tragaluz de noche / Pura López Colomé. — México : FCE,
2003.
    160 p. ; 21 × 21 cm — (Colec. Letras Mexicanas)
    ISBN 968-16-7009-4

    1. Poesía 2. Literatura mexicana I. Ser II. t

LC PQ 7298.22 O56715 A24 2003 Dewey M861 L247t

Comentarios y sugerencias: editor@fce.com.mx
Conozca nuestro catálogo: www.fondodeculturaeconomica.com

D. R. © 2003, Fondo de Cultura Económica
Carretera Picacho-Ajusco, 227; 14200 México, D. F.

ISBN 968-16-7009-4

Impreso en México • *Printed in Mexico*

Primera Parte
LENGUA ANTIGUA

Canción de cuna

al diapasón Ritter-Anguiano

PARÁBOLA el arrullo.
En tonos lisos empalma
con la lejanía del mundo,
la última grieta de la cueva,
este cráneo. Que resuena.

El eco
en tu cuerpo
todo oídos.
Tiempo de cuna.

1

Una niña, una niñita,
no apta para tonadillas tiernas,
tan de negra, de negrita.
Entre el primer año y el segundo,
tal vez ni eso. Que atención presta

al silbido que se asoma y se retira
del asombro de ese entonces.
Se siente *misma*,
por el frescor del viento tropical
que invade la pieza
inflando las cortinas, meciéndolas
a diestra y a siniestra,
crinolinas de ese quicio
y barcos que parten y abandonan
su estampa rumbo a un mar en las entrañas
cuyas olas no revienten
en el más allá. Que vuelvan
al alba.
Haya palabras,
luz y oscuridad con nombre,
certeza y lumbre:
vida mía.
Vida mía esto, vida mía lo otro,
vaivén de buque,
abanico que abre estelas
en la lozanía de un rostro.

No llores,
tu sal disolverá
estas espumas.

Eres
del aire, música
que conservará dentro las arenas
las que tus pies descalzos conocieron
para no llevar a cuestas la congoja.
Que las sombras te aligeren
y coral y perla sean verdad
ante el cambio total de la marea.
    La tempestad.

                      2

Que si la vida se adelgaza,
sangre en aceite,
lienzo que se teje y se desteje
casi desde el primer
de acá para allá
de ti para mí
de la madre
a la tiniebla.
Del canto al muro.
El vientecillo sobre las sienes
aclara el paisaje.
Cuerda, estambre, hilo
y si la cabellera llega a ser así
un amasijo, una pelota

una maraña desértica en vuelo
rumbo a relatos llenos de pasión,
los inconclusos.
Rumor que enhebra lo de cada quien,
rumor que apresa no la arena,
el desierto mismo,
y vamos ya a la lluvia, al embrujo
entre sanar, enfermar, sanar y arrullo
milagro de recuperar la vista
entre un afligirse y otro.
Nada, nada, navega hasta amar.
Dormida
sal a tu encuentro. Sal de los mares,
las lágrimas, los espacios
mortales.

Y como ese ser de aire, de viento luego,
querrías sorber las mieles donde lo hacen las abejas,
no conformarte con menos, saberte huésped
de honor en el banquete de este huerto cerrado,
y como un loco que también se sabe tal
volar sobre el lomo de un murciélago,
no de un cisne, una paloma o un gorrión.
Sin acudir al cuervo.

Cuélgate aquí, en este regazo,
infante que anida
del nacer hasta el morir,
saliendo sólo a veces,
sólo furtivamente,
sólo por necesidad,
a sorber la tibieza del destino.

De aire, de mieles y de vuelos vivos
el regocijo en tu sonido natural.

Descansa, alteza
encerrada en una torre,
parpadea
ante escenas que valgan
la pena.
Cuerpo presente,
comienzan
a visitarte en tu ataúd,
a hacer ronda en torno a tu figura
sin poder tocarte
como a las cuerdas deslizantes
la vía láctea
de una lira, sarcófago
de quien se entierra vivo,

a quien se ha dado embocadura
para la emigración.

Piel tan fina, encaje de papel de arroz,
sin testimonios,
sin historia.

4

De la víspera de la gran batalla
hay huellas
en los cristales, en los muros,
en los pisos de claustros
donde tu versión de lo sublime
era el badajo de una enorme
campana de bronce.
Se te advirtió el recorrido:
por compañía tendrías
una canción de cuna
que pulsarías por dentro.
Nadie osaría interponerse:
por única vez,
manos a la obra.
Sin muertes en tu haber,
tributos incumplidos.

Abre las arcas, monarca.
Abre ventanas y sana.
Sé mundo mudo,
sin aldabones.

5

La nota final,
nota monárquica de invierno,
frío que se posa sobre sí.
Que acompaña a quien pregunta
y se pregunta cómo, con tal rabia,
elevará la belleza una plegaria
cuya acción no sea más fuerte
que una flor.
Llave de la torre.

Si me curara,
si sanara,
si pudiera mirar por el resquicio
sintiéndome entero aunque fugaz,
arriesgaría de nuevo la salud.
Que jugaría conmigo tarareando
amapolas
que pueden adornarte dentro,
entre tus campos y jardines,
delicias de ningún amo y señor.

15

Mejor verter líquidos mágicos
por los lagrimales
y:
solloce de alegría
la entraña infecta,
la guadaña.

Aire desencadenado,
manjar que se distancia
en cuanto la boca vuela.

6

Desde la caja de madera,
palo de rosa o palo escrito,
guitarra, cofre y urna,
germina un llamado al enemigo.
Estancia en espera del hechizo
que te hará libre
para henchirte de aromas embriagantes,
para armonizar sin yerro
y sentirlo.

Músico del curar,
sea tu acción la de la flor.
Fecunda la materia,
enciéndela, tienes la palabra:

Suscitare, hacer mover,
devolver el movimiento,
poner delante tuyo
un ánimo antiquísimo
con todos sus recuerdos.
Dios
de la muerte,
duerme inerme
entre informes brazos.
La cuna llama.

Quimera

En una soledad propia del mar
A honduras de la vanidad humana
Y del orgullo de la vida

THOMAS HARDY
Versos a la pérdida del Titanic

UN MILISEGUNDO, un segundo dividido,
entre si y ci, *qui,*
partido, quebrado:

En la cima,

en la parte superior de una montaña
o de cosas semejantes, la cresta de las olas,
por ejemplo, o bien "inflorescencia
con un eje principal
terminado en una flor y ramificaciones laterales
con sus flores respectivas".

En la sima,

cavidad o grieta muy profunda en el terreno,
abismo, precipicio, despeñadero.

En el firmamento,

cielo, bóveda celeste, capa del cielo,
esfera, espacio que se ve por en*cima*
de nuestras cabezas, donde están los astros.
Que recibe este nombre particularmente
cuando se le considera por la noche.

En el fundamento,
en el cimiento,

parte más baja que el suelo
que le otorga solidez. Terreno
sobre el que descansa un edificio.
Apoyo sobre el que se sostiene algo
no material.
En sentido figurado, desde el principio mismo.

Entre uno y otro:

1

Érase una conjunción de astros
que en épocas lejanas propiciaría
la inmovilidad de las personas.
Ahí

un número bien definido de gente joven
acompañado de algunos que habían vivido más
tuvo a bien sumergirse
hasta el fondo mismo de los mares
y quedar inmerso en su labor.
Un azar dio fin a la tarea.
Largos, larguísimos instantes
previos
a la extinción del fuego.
La punta afilada de la miseria,
de las imágenes coloridas alojadas
entre cerebro, cerebelo y bulbo,
sobre todo las que hablaban
de una probable inmunidad:
asuntos pendientes a futuro.
Unos ojitos expresivos. Un día de campo.
Alguien toca un instrumento antiguo, poderoso,
se alarga por inmensidades esteparias
y se desliza de regreso a un corazón cosaco.
Vértigo: casa, techo de dos aguas, cal y canto,
bosque de abedules,
festejo, escuela, progenie, abrazos, faldas al vuelo,
aquella escoba en la covacha.
A velocidad humana,
a toda velocidad.
El último acorde,
el primer acontecimiento.

Y para los demás,
apenas un cortometraje:
un recipiente metálico enorme
lleno de cuerpos bellos, inflados, níveos,
casi transparentes. *Casi,*
por tratarse de aguas muy profundas.
Merecían un tiempo pretérito
a fondo,
un tránsito distinto
hacia el indicativo: *merecen* olvidar.

"No en parte alguna puede estar la casa
    del inventor de sí mismo...
Nos enloquece el Dador de la Vida,
nos embriaga aquí...
Allá donde no hay muerte,
allá donde ella es conquistada,
que allá vaya yo.
Si yo nunca muriera,
si yo nunca desapareciera..."

Redacta una nota el capitán,
desde otro nivel, más alto,
cual corresponde
a su rango y distinción:
Escribo a ciegas
y dejo en tinta

la indelibilidad
de una existencia.
No pido redención,
algún Mesías.
Sólo ligereza,
el silbido veloz del hielo,
verde esmeralda.
Surge ingrávida
la locución

héroe

ida ya de su acento y su diptongo
la emoción del pensamiento
de quienes por ventura
escucharon
algún vibrato natural
en reverencia a lo intangible.
Arden en esta lámpara de aceite
los carbones encendidos
del paisajista:
"Into my heart
an air that kills..."
Se ha hecho el vacío.

2

Ave lisa de metal,
promesa.
Alzar el vuelo no significa nada.
Elevar un artefacto sin batir de alas.
Lanzarse a los cuatro vientos
una vez conquistado el sol,
las arenas, los banquetes de la creación.
Y de un plumazo
el fuego,
la chispa
que anuncia:
vigilia eterna.
Ni siquiera hubo cadáveres,
cuerpos que engalanar
con mortaja a la medida
o nobleza de agua que infla y conserva.
Sólo briznas encendidas en los ojos
de quienes seguían sucediendo abajo,
inframundo
donde se registra y se recuerda,
se celebran fiestas de guardar
y se da a esta fecha un *imprimatur*.

"Como una pintura
nos iremos borrando,

como una flor
hemos de secarnos
sobre la tierra,
cual ropaje de plumas
del quetzal, del zacuán,
del azulejo, iremos pereciendo.
Iremos a su casa."

A quien robó el preciado bien,
el altísimo,
para tornar menos nauseabunda la existencia
y hacerla recobrar la ductilidad de los principios,
se le ató primero, se le encadenó después,
se le asió, diríase, para suavizarlo
a la escarpadura mayor de la montaña,
donde más cerca se está del infinito,
donde se puede hablar contigo.
Donde el relámpago se estrella.
Donde se atrapa para siempre
con red de mariposas
la escala humana.
Donde el inefable lo clavó
sin cruz
al secreto.
Una parvada de grajos se levanta,
un velo de viuda,
como si nada.

Nada toda anterior felicidad,
ciudadelas del acaso, del quizá, del tal vez,
el según, el a la mano, a la vuelta de la esquina.
Asequible sólo
un mínimo destello,
diamante
principio y fin de las pupilas.
Inflorescencia.

A los viajeros ataviados del Concorde
A los viajeros uniformados del Kursk
en pleno verano milenarista

Anhelo de haikú

Un EDIFICIO de ladrillo, un sanatorio,
rodeado de jardines cultivados con delicia.
Rosas en redondel perfecto,
rosales silvestres enredados en el muro,
hortensias, geranios, pensamientos,
el compendio de la botánica estilística.
Imprescindible la buena orientación
de las ventanas.
Espesos bosques a la vista.
Pinos, oyameles, álamos, espinos.
Su fragancia asciende hasta el último nivel,
imperturbada por el vapor de chimeneas.

Hoy he visto espesuras
al pasar.
Me han colmado los pulmones.

Con otra lente en la retina, diría:
Salgo a mi dulce paseo cotidiano.
Contemplo las altas copas
y los muros bien construidos.

Hoy no es un día cualquiera.
Adentro hay barítonos
que se desconocen.
A quemarropa.

Sacrificio

La DIOSA se traga,
merced a ella mostramos,
en iguales proporciones,
nuestra errancia, nuestra fe.

Cerca del mediodía,
describías un atardecer,
una madrugada
o un crepúsculo;
te parecía haber pasado
tanto tiempo en este sitio
que podía él mismo ser tu vida
sin registro,
o quizá tan poco
que al respirar
te acabaras de adaptar al exterior.

Para que haya reinos tales,
algo que se llame herencia,
mensajes cifrados,
habrá de ser el mundo nuestro espejo.

Y para inmolar primicias, primeros frutos,
habrá que quitarse el pan de la boca.
Aprendiz volverse,
persona
inserta en los pormenores del oficio,
aplicada a resolver misterios,
la humedad del aire,
la delicuescente atrocidad.

Rey

¡Todo lo recuerdo:
no tengo placer…!
NEZAHUALCÓYOTL

Cuyo nombre significa
todo tiempo,
derroche de potencias.
Dos fieras encerradas tras músculos perfectos,
león y coyote hambriento,
tras los ojos rapaces, capaces,
sin saberlo,
de llegar allende el territorio
de la ira.

Cuyas lágrimas hicieron un río
con las de su progenitor,
él, muy pequeño,
encaramado en la copa de un árbol,
presenciando
la muerte atroz del guía de sus dubitaciones,
quien le mostraba las puertas
de la realidad

en buena lid
sin adversario.

Cuyo reino quedaba de ahí en adelante
como un sueño de bondad, color intenso,
disfrutable en el fondo
de una gran desolación.

Cuyo despertar fue de la mano
de alguien, algo, que lo conducía
hasta el monte de las sutiles nieblas
para cubrirlo con el agua del ardor divino:
sangre.
Bautizo sin sumergir:
todo iba dentro,
múltiples señales
entre guerras, cultos, frutos exquisitos,
pocas, poquísimas palabras,
nada de vacilaciones.

Cuyo ímpetu se dirigía
a la rosa de los vientos,
dios del cerca y del junto.
Y cuya pregunta quedaba
inmersa en la respuesta visceral:
¿será así de bello el lugar
que intuyo allá a lo lejos,

el de los descarnados?
El porvenir se me clava
en el entrecejo.
Remite al lugar de los sin cuerpo,
la casa de la liviandad
de la divinidad.
Y las aves que llegaren a beber
de este tu pozo de los descubrimientos,
de este corazón endiosado de tus versos,
de ese instante
que conociste junto a la mujer,
descubrirán el robo de la melancolía
a cambio del desasimiento:
ni con la muerte
te dejarán en paz.
Seguirán devorando
imperativos,
tu amor por ellas:
"Daréis placer (al dueño del universo)
ésta es la forma de pedir y buscar (al gran señor)".

Voz de astro

1

La oscuridad,
telón de tus pasos
rumbo a nombres estelares,
cordura, condena,
relumbre, Venus,
Osa Mayor, Osa Menor,
Cinturón de Orión,
Antares, Aldebarán.
No elegirá este mundo,
el inevitablemente
absuelto.

Asumir el amanecer: madrugar.
Lejos del fogón original, me esperaba la ordeña,
el montón de paja, "pienso", orín de bestias, establos,
gente encantada en la colecta de los frutos de estación.

Adheridos a mi tesitura
de motetes y cantatas,
ciertos timbres que perforan

el tímpano,
y a borbotones surge la savia
demoniaca
de la bestia de trabajo,
el caballo percherón:
Yo, salmodiando
Ojalá,
recordando al primitivo
que acaricia el lomo a su ganado
y va salpicando humanos relinchos
al creador
en acción de gracias.

De vuelta del gallinero, cargada de "blanquillos", tuve a bien
tropezarme. Se rompió todo. En vez de un avemaría, algo que
me protegiera de la rabia en torno, vino a mi boca la devoción vacía:
una aspiración, vestir un hábito, un luto de por vida,
y consagrarme a una despoblada entidad, un *ente*.

Inclinación nacida de lo íntimo
de la naturaleza de una chiquilla,
hacia un camino superior.
Sí.
Dar el sí.
Una mañana tras otra:
¿Será éste mi gran día?
¿Escucharé por fin?

34

Y si me sorprende distraída
¿diré, luego: con razón?
¿Será fuerte, dulce, atronador,
en una lengua que yo logre comprender,
meliflua acaso,
o un velero a la deriva
cuyos blancos, hinchados lienzos
den noticia de matices amorosos?
¿Será

      sonido producido por el hombre o los animales
      al hacer pasar el aire expelido por la garganta
      a través de las cuerdas vocales y otras partes
      de la boca voluntariamente colocadas en forma
      adecuada?

¿Será

      palabra, considerada más en su forma
      que en su contenido conceptual?

¿Será, en hora buena,
      sonido que forman algunas cosas inanimadas
      heridas del viento o hiriendo en él
      y, a consecuencia,
      cada una de las formas, activa y pasiva,
      en que puede emplearse el Verbo, según
      que el sujeto gramatical sea ejecutante
      de la acción o el que la sufre?

*

Era que se era
sujeto y objeto
de la ventana.
Asomarse
suponía vivir
en aquello,
en un terreno por sembrar,
los surcos ya hechos,
el gallo en vilo.
Un techo omnipotente
de nubarrones
entre las nadas
de lo que digo;
una inmensidad,
límpida y poderosa,
rodeada de pirámides
que vigilan la niñez.

Azul marino
de las doce de la noche.
A quién le dices qué.
No sabes callar ni con los ojos.

Me acerco al pretil.
Una mano me saluda
desde la cumbre de una pila
de pacas de paja.

Exige una respuesta.
Toco con las yemas
el vidrio helado que nos separa,
invidente en pos de una mejilla.
Creo salir corriendo a encontrarme
con esa palma en alto,
ese alumbramiento.
Me recibe la distancia.

2

El rocío sobre los pétalos
y entre los setos
procedía de mí, murmuré,
poseedora de toda atribución:
cuéntame un cuento
antes de dormir
que me muestre el color
de la sangre de los astros.
Ella sólo sabía un aire popular
de antaño:
dos pequeñas,
dos amigas íntimas
cuyo juego predilecto
era arrojar al pozo
sus más hondos pesares.

Le parecía divina.
El dique alzado
en mi rostro la dejó llorando
con la necesidad entre los dedos;
entre lágrimas y gesticulaciones
intentó relatar *algo*.
Había una vez una persona
que por ignotas delicadezas
debía enarbolar
un sustantivo designante
pudiendo darse el lujo
de no serlo.
Se esparcía por encima de todo y todos,
se extendía, se alargaba, se estiraba,
parecía no tener fin,
pradera contemplada desde un punto fijo,
que late y respira y da horizonte;
no se diseminaba cual vil anatomía
yacente en la plancha operatoria:
se prolonga el mundo,
el que amanece y anochece,
el albino, el auroril,
el madrugante, el crepuscular,
osamenta que cruje porque vive,
andamiaje que padece
algo ajeno a sí, algo fuera de sí:
¿ondas del estanque

del centro a las afueras
o al contrario?
¿piedra arrojada que rige el movimiento?
¿piedra cerebral? ¿mente?
Los tablones del piso ahí dentro
chillan. Se oyen sus susurros.
Entre uno y otro
el desierto de aquellos patios,
pasos que son días que se escapan,
que transcurren, que recorren, se desplazan
mientras aquel protagonista
va arrojando pedacitos de pan
por el sendero, dando testimonio
conforme deja de vibrar:
izquierda-derecha-izquierda-derecha
a ritmo fijo.
Era insoportable la sordera
de aquel sitio.

*

Maizales cobrizos,
de timbales, de alboroto.
Bueyes con ojos de acuarela,
llorosos de anhelo
(aún ignoraban el dolor del hambre).
Yo, en cambio,

abominaba esas mazorcas,
día y noche,
meses enteros.
Al tronarme el alimento entre los dientes,
el jugo dulzón me arrojaba
a la cabeza gigantesca de las reses;
y la masticación, al rumiar:
su cuello ancho, relajado, tembloroso.
El pestañeo entrecano.
Ni una nube. Un calor
que impide saborear
el ayuno.
Eternidad: ¿eres yo?
¿Eres tú quien me perdona?
¿O te estás desmenuzando entre galaxias,
universos, globos, patrias,
selvas, junglas, sabanas, tundras,
estepas, bosques, florestas,
campos, campos, campos,
praderas, parques, jardines,
hortalizas, sembradíos,
huertos, huertos, huertos?

3

El claustro pone
nieve y brasa

en su lugar:
infra mundo
ultra tumba
infra humano
ultra sonido
infra rojo
ultra violeta
puntual recordatorio
de cosas más propias
de animales o de fieras que de hombres;
y al asentir me señala infrascripta:
la que firma abajo,
cuya rúbrica no es título, no encabeza nada,
resta peso, aligera la historia, la procedencia,
el surgimiento
de un espacio menor que el de una pausa
para aspirar.
Novicia incipiente,
no profesa por fuera, sí a fondo,
ultra,
más allá,
ultramar,
amniótica convocatoria,
vasija para los sacrificios,
primer corderillo inmemorial,
luego membrana que envuelve
el llamado.

*

Practiquemos una vivisección,
un corte en tus cinco.
Llorarás a lágrima viva.
Intercambiarás chisporroteo por languidez;
finura por tosquedad.
Cristalizarás
en una bolsa genéticamente
preparada para la eventualidad:
ver girar al universo,
quedar encandilada entre constelaciones
sin aprender sus nombres,
hipnotizada por las gallardas figuras
sobre el tablero de ajedrez
sin aprender ni la más elemental
estrategia: un ataque.

Llénate de nimbo,
con eso basta.
Su vórtice
siempre vivo y siempre inesperado
jala el nudo corredizo de aquella bolsa
disecada,
piel de un animal manipulada y rellena
para dar la apariencia de ser completo
y vivo.

4

Soberana. Soprano.
Voz más alta de los humanos,
propia de mujeres y de niños.
Y lo increíble: por extensión,
hombre castrado.
Voluntaria o involuntariamente
aguda.
Se decía que podía cantar muy alto,
siempre llevar la melodía,
superar al resto.
Y yo escuchaba a otra cantante
que cumplía una condena,
una reclusa.
Que iba tejiendo sonidos sin dar
el tapiz ya hecho:
el arte —oí una vez— de formar y enlazar acordes:
¿Qué no escuchas vibrar al *topos uranus*
en la última de las capas
pero por dentro?
Se deja caer desde el infinito como una plomada,
respuesta, igualdad, repetición.
Del universo al mundo al cerebro a la nota
al *in hoc signo*
nos
me

gota sobre la fontanela,
lago Tiberíades, río Jordán, el del bautista,
tibio, cálido, de superficie brillantísima,
el astro rey flotando entre las ondas.
Que en esas aguas ha quedado a la deriva
y, por un instante, se desnuda:

Mi padre fue mi maestro,
el último sabio del *bel canto*
en este mundo.
Me enseñó a respirar,
a ensanchar los barrotes de la jaula
singular
y a hacer sonar a este individuo.
Que comenzó a existir
en la mayoría de edad.
A irradiar.

*

Existir, primera manifestación de todas las cosas,
para que pueda darse en ellas cualquier otra.
Tener realidad fuera de la mente:

Existen los Reyes Magos.
Existió el Niño Dios.
Y existirá...
Anoche estuve contigo entre brumas

que se sienten hasta la locura:
te salvé de un mar espeso, aunque dulce
y al mirarte a los ojos hallé
un albatros pavoroso, incapaz
de un despliegue de alas señorial,
un ave casi doméstica,
la negación del vuelo.

¿No posees un origen que refrende
la eternidad de tu especie?
¿No vienes del Pacífico,
no era blanco tu plumaje,
largas tus alas y tu cola,
tu deslizamiento más hermoso
que ningún martirio,
que ningún placer humano?

Aunque me duele verte
de verdad
quiero seguir aquí.

Experiencia. Presenciar, conocer, sentir algo uno mismo,
por uno mismo, en uno mismo. Conocimiento de la vida
adquirido viviendo.

Y hay momentos
en que surge
desde la ventana

el mundo entero.
El cantar de los cantares
sin letra.
Aquí, amándonos así,
estamos en los infiernos.
Polvo se hace la fiereza.
Ave pura,
qué albatros ni qué nada.

5

Aturdimiento de colores.
Biombo
de ámbar.
Resina fósil,
costas, pasiones
atrapadas: Báltico.
Y de ahí a su derivado,
el ídem negro: azabache.
Brillante noche que termina
en punzada.

*

Esta vez, desde el alféizar
abrigo la certeza
de este ciclo interrogante:

¿resplandecerá la llaga
del espíritu,
la recurrencia
de esperanza y desesperanza?
Un huerto sombreado de dos senderos,
con sus dos entradas de siempre.
Troncos, ramas, copas,
hojas y hojas y hojas,
muros, murallas, meandros
verde oscuro, claro, oscuro,
de zapote, mango, aguacate,
mamey, níspero y el prado

                        grueso, pero terso.

En medio, el ojo de agua.
Ideal para un baño helado
entre risas, risotadas,
acentos cotidianos
cuyo valor
cuyo bagaje
surcaban

                        la fruta madura.

Y a cierta hora, los papagayos.
Estos olores son el paraíso,
infancia

                        anestesiada, pero sensible,

alargada, estirada hasta

                        la edad madura.

Flote irrestricto entre verdores,
cielos que abrazan

                                    divina natura

y diamantes en añicos
por el estruendo
al reventarse el ciclo.
El que nos toca en suerte.

                    6

Estrepitoso fue, en efecto.
Desgracia, pedacería,
huesos en polvo, arenas, dunas,
sus órganos, sus aparatos, sus sistemas,
plenos de aliteraciones,
rimas interiores.

Es muy difícil vivir sin credo

me ha dicho el sabio
dulcemente.
Los techos siguen ahí
y siguen igual.
Desperfectos
de quien nunca regresa del paseo.

Viejos que se inmolan

y no lo muestran,
santos a la vuelta de la esquina
o bajo un puente
entre un arroyo y un río
pero lejos del mar,
detrás.
Un anciano feliz se las ingenia
para tocar la concertina
al ritmo de cucharas de plata,
cucharones de palo y pinceles
del hogar.
Ve el invierno en las miradas,
astros que penden
de un firmamento estólido.

Vemos más de lo que somos

y ríe.
Su cansancio se confunde
con sus óleos,
con el arpa que resuena
entre las hojas
a tono consigo,
asunto atesorado en bibliotecas,
brasas sobre un título cualquiera:

Padres e hijos

caminando
entrelazados
por un pasadizo
interminable
de ignorancia.

Texto

DECÍA el pobre cónsul
en el súmmum de su ebria sensatez:
"No se puede vivir sin amor".
Cómo saber
si me alejo o me aproximo.
Si me estoy
vaciando
en esa gran lente de aumento.
Eso quisiera.
No cavilar
de puntitas
sobre fronteras,
hollarlas de ida y vuelta
con todo y filo.

Cuánta interminabilidad de cielos.
Al poner tierra de por medio
alcanzo a ver un calendario
colgado en la pared
—película en blanco y negro—,
de aquellos de hojas cortas, delgadas

y números negros,
horoscópicos,
de días desprendibles
fechas inasibles
santorales.
A su lado o encima
ninguna imagen.
Hay, sí,
un sagrado corazón
flotando sobre sublimes vestimentas,
casi aparte.
¿Qué quieres de mí?
le pregunto.
¿Que abra el baúl,
mi reino de luciérnagas?

*

Texto,
escrito cualquiera con cierto contenido;
parte de una obra
construida con palabras,
que prescinde de notas, comentarios
o explicaciones.

Un protagonista,
un héroe,
salió por propio pie

del taller
de la alfarera.
El contacto
entre la piel y el barro
para los pelos de punta.
El comienzo del sentir. Y el fin.
Y lo que habrá sido
dar *su* vida
para quien *la* dio
tras la losa sepulcral.
Estar en el horno
de la cerámica humana,
arte figurativo
que guarda
en el lado superior izquierdo
la vulnerabilidad
del hado,
mezcla de viento y trigo,
granos de miedo y dicha
cernidos
sobre la *terra incognita.*

Breve episodio

ACABABAS de retratar
a una niña despeinada,
de transida
aunque encubierta
mirada,
rodillas sucias.
El vestido le queda chico
y un nudo le ciega la garganta.
El cuerpo se transforma en algo
que uno no desea,
y termina en punto.

Oráculo

ESTABA en Delfos.
Una enorme pila
vacía
donde se vertían venas,
hilachos,
signos de interrogación.
Quien tocaba el borde
se volvía posteridad.
Y trocaba labios,
lengua, paladar
en bóveda y carril
de ascenso al séptimo cielo
en forma de oración

Respuesta que da Dios
por sí o por sus ministros
Respuesta que daban los dioses paganos
a través de pitonisas o sacerdotes
Estatua o cualquier cosa
que representaba a la divinidad
a quien se interrogaba

o lugar dedicado a ella
Persona a quien se atribuye
tanta sabiduría y autoridad
que todos aceptan como indiscutible
lo que dice

Afuera estaba la vasija
llena de lo que ocurriría
al mover un dedo.
Índice de una mano derecha
recortada contra el azul.
¿Insignia del tiempo?

Una bandera, estandarte u otro objeto
llevado en alto
como distintivo
y para agrupar a un conjunto de personas,
como una legión,
una banda de música, una cofradía.
Un emblema.
Signum Señal Signo

De niñez perpetua.
Primera vez que verdaderamente
alguien se mira al espejo
y aquella imagen replica.
Y la sombra que surge detrás

56

se asoma sólo a ratos, sólo a veces,
como quien dice ven,
buen entendedor...
Poco a poco aprenderás a eliminar
el juego brusco, el mareo sin fin
y las palabras prohibidas.
Ésa era la penumbra a la que había que entrar
y de la que había que emerger ileso.
O no salir más.
O nunca separarse del umbral

        Zona umbría, lugar de un valle que por su orientación
        siempre está a la sombra. Sitio, hora o situación
        en que casi no hay luz. Espacio que media en un astro
        que sufre eclipse entre la parte totalmente iluminada
        y la totalmente invisible

Esa última.
Con un ápice de sol a las afueras,
en los portales.
El presagio, la anunciación por vía de otra persona
del ya pronto.
De pie sobre la letra
como la virgen sobre la serpiente
como Pedro sobre el mundo, llaves en mano.
Dime, atalaya,
dónde me toca estar,

desde dónde seré cruce de caminos,
centro de la pradera,
oasis de aves de paso y de rapiña,
abrevadero de lo que les cae de arriba.
Predí, inspira.
Dicta cómo habrá de llevarse la acción a cabo,
quiénes encarnarán
la trama.
Tinta sale de sus bocas,
espiral del habla
cincel sobre la lápida.

Nace el imán sintáctico
y después la aguja de marear.
Ésta sabrá si hay que lanzar un dardo o una flor
con la punta filosa de la lengua
o con las cerbatanas del corazón
y sordo nacerá el verdadero estro.
Pálido su rostro
como el de un cadáver,
como el deseo criminal;
claro como la fuente rota y el infante ingrávido;
labios rojos como sólo roja puede ser
la sustancia
enclítica.
La que cauteriza cuanto se interpone
a la entrada al mundo.

Si todo era transparente
por qué el océano inmensurable
ante la esclusa.
Se le puede abrir de par en par
camino a casa,
en una reunión, en una plática,
en medio de una situación.
Es ausencia
que se ha integrado a mis planetas,
aliento de nadie
que levanta las persianas:
casas con chimenea, humo, vapor en las cocinas,
gente que gime.

Tutela

ABRAZO de la medianoche.

Atrápame
y enciérrame.

Red hecha cordel,
cordel enredado,
rama despojada en busca del ardor.

Mis guardianes, de día, los mirlos y los cuervos.
De noche, las gaviotas quietas.
El zumbido de sus alas
en potencia
no me deja dormir.
Es linterna diurna sobre página en blanco.
La veta en la caoba de mi cabecera
interpreta un preludio:
el humor vítreo
de la Santísima Trinidad.
Un juicio.

Al entrar al recinto del supremo tribunal
sentí un olor
entre pan de ángeles y podredumbre.

El mío.

El fiel de la balanza

A Thomas Kinsella, el perfeccionista

Manos fantasmales envolvían
una suntuosidad
de selva en aquella isla pedregal,
el brillo sobre todo lo convexo.

Alguien había perdido la memoria:
el gran evocador de la tristeza,
única fuerza de los actos iniciales,
redactor de la epopeya.
Su ánima subsanó la herida obedeciendo,
dando la voz a cambio.

Esa tarde, me mostró una cicatriz.
Y dijo: sáciame con fuego.
Que rompa la madrugada
el iris,
resuelle
en pos
de su color.

Crisálida

1. Paredes interiores del capullo

El recorrido, intacto.
Lotes baldíos, muros de arcilla,
fragancias primitivas.
Mundo absorto
tras la lúcida rendija.
A hurtadillas
he clavado un alfiler en el transcurso,
los alrededores, los contornos,
gusano, víbora latente, pululante
de la letra ajena.

Capullo,
bola de cristal por dentro,
la gran rosa.
Tiembla.
Y entre los pistilos y la entraña
este segundo,
revés del cuerpo
antes del alumbramiento,
in albis.

*

Vas bien, es por ahí,
abre el túnel,
se aroma que enmarque
el artilugio cotidiano,
la piedra en las murallas,
las losas en el piso,
las vigas en el techo,
el paisaje reblandecido.
Y los escombros.

Noli me tangere,
ruega la piel de esta burbuja vítrea,
soplada hasta su ser de hilo de seda
en un reproducir constante.
Guarda silencio desde ti.
Habla de un pozo sin brocal.
Recorremos un sendero fósil.
Siento el calor y el tintineo
de un brazalete.
Y cuando volteo a ver a un alguien
te has estirado hasta el fondo de mi vida.
Te hablo de tú.
Pero eres yo.

No me toques
con la punta de tu lengua
muerta.

No me condenes al latín
de este universo,
único verso
indiviso.
Estás viva,
mens.
Me estás leyendo.

2. Intervalo

Tiempo que transcurre entre dos acciones
o acontecimientos
o entre el momento en que se está
y algo que ha de ocurrir.
Entretanto, intermedio.

Entre el adiós y la despedida.
Entre agitar la mano y recurrir
a inexplicables movimientos.
Hasta quedar anclado.
Hasta desaparecer entre moradas.
Y aparecer y permanecer allá:
en una *cript,*
una raíz griega
de lo oculto,
*cripto*grafía, escritura cifrada.

Me quedo adentro de la *o*
de *optar,* y no la *a* de *cripta,*
donde se sepultaba a los muertos
o donde no sé qué está enterrado
en el algar de un vivo,
cavidad en la parénquima de un órgano,
cripta amigdalina,
órgano que no tengo,
rienda hidráulica suelta,
párpados interiores.
Que por fuera hay que ungir,
signar con óleo sagrado
para consagrar a una alta dignidad.
La del capullo
        colgado de una desnudez
        címbalo sordo
        mordaza de un cascabeleo
        a merced de sí.
        Con la música por dentro.
        Bálsamo.
Porque embalsamar nada tiene que ver
con la conservación de la materia
ni con envoltura, vendas, mantas.
Lociones, aguas de colonia.
Mucho después se extendió este sahumerio,
este preparar cadáveres para que no se descompongan.
Y si se dividen en sus componentes,

una esencia natural producen,
humo oloroso
resina para curar, no para conservar,
remedio para heridas y llagas.
Si...
Bálsamo, cualquier cosa
que mitigue la pena.

Ah, pero qué olor el de esa hoja,
ese pedazo de papel amartillado
con membrete,
manuscrito que no curaba
ni la más pequeña de mis dolencias
con su tinta china.
Dobla, desdobla;
nunca una papirola
sino una misiva perfecta
mente plegada.

Debajo de mi almohada.
En el vaho de mi memoria
abierta, supurante,
en momificación perfecta.
Y por escrito
tendrá que vislumbrarse
el mediodía,

sus vocales, sus sílabas,
sus acentos
de más amplio aliento
su Serenísima silueta
su Pasión suplicante
que sonría de perlas
huela a esmeralda
arroje la capa gregaria
sea ninfa
no insecto en metamorfosis
que ha dejado atrás la larva
y se dispone
a tomar forma.

Aunque muera.

3. Capullo en sí

Esferas de navidad opacas,
largas cual vainas de tamarindo,
colgadas del colorín.
Y también del liquidámbar.
Del que tú te colgaste cientos de veces
para probar al mundo,
para probar el mundo,

para probar mundo
por mi culpa
por mi culpa
por mi grandísima culpa.
Y en la quebradura
el quebranto terminaste.
Había que juntar suficientes colorines
para pintarse las manos de escarlata.
Tantos, los caídos y arrancados,
que en la desnudez de las ramas
sólo quedaban
los puros
capullos.
Eran feos.
Me llamaron la atención.
Una avidez por el corpúsculo mayor
me acunó
en su falta de peso
glándula inflada de paredes quebradizas,
leves.
Supe todo sin querer. Y sin tocar.
Y cual lámina punzocortante se me clavó,
a partir de ese momento, un batir de alas
reverberante
de colores multiformes.
Ni tiempo de fijarse en el horror.
Rotas las epidermis hechas para contener.

Idos los mosaicos, los vitrales emplomados
a su mundo,
volátil, en alas de sedas orientales.
Ni más remedio que volver en mí.
Regresar a la crisálida.

Enjambre

COLMENA, panal dentro del cordón umbilical.
Abejas que intentan llevar migajas
que pronto no lo serán más.
Seguras de su labor.
Nada ni nadie las detiene mientras tú y yo
nos escurrimos, mieles,
—entre la gente,
sin que nada ni nadie...

Vamos partiendo, corriendo tapicerías de bruma.
Hay espectadores ideales a la vera:
cedros y más cedros y más estancias
sin disipar.
Un claro de improviso. Noto:
llevo mis mejores galas,
muchacha en la flor.
Lira en mano.
Libreta rebosante ya.
Ilesa.
Enjambre.

El tendedero

LUNES. Día de lavado.
Día en que aparecía Marucha acompañada,
a veces, por su esposo Rafael.
Yo me repetía su tan propia sílaba final,
él, él, él,
sin la menor noción de Dios,
deseando que me abrazara.
Tan moreno y delicado.
Lentes de fondo de vaso.
Y de sus aljibes a la impecable y de harina
cabellera de ella, cabellera ella,
cortada como ramillete y recogida,
lirios en mayo, ofrenda a la virgen.
En adelante todo era blanco, blancura, blancor,
esplendor, resplandor, lumbre, deslumbramiento
desde el lavadero, entre aromas de jabón, burbujas, detergente,
cloro, almidón y ojos revolcándose entre las sábanas tendidas,
infladas por el viento, a ratos quietas, otros goteando.
Delantal de peto con orlas de encaje, planchado como de concurso
hasta en el último bies de las tiras que formaban el moño por la espalda,
a eso de las seis de la mañana en días de verano.

Al regreso de la escuela, pegado el rostro a la ventana del camión,
sólo pensaba en volverlos a encontrar, borrosamente.
Porque entonces, acaso se mencionaría a la hermana ausente: Rom.
Nunca vi blancura igual, recién brotada,
en boca de mi madre. Ella le había enseñado a hablar.

Para siempre

a Juan Carvajal

1. Insinuación

Cuando sí me alcanzo a fragmentar,
como en aquella revelación
y desvelo en los portales del futuro,
atiendo.
Pongo el oído
contra tu pecho: el yunque y el martillo
marcarán el tiempo.
Tu corazón, metrónomo de tantas estrategias
ex nihilo,
ensordece los gritos de mi infancia.
Silba.

2. El templo

Bajo la cúpula ósea
se alza una torre de babel

74

que se demuele.
Sola.
Hablamos en lenguas,
tú y yo,
sus llamas nos tocan
y
nos entendemos a la perfección:
cada quien dice lo suyo,
las sustancias se multiplican
desde el centro.
Incontenibles el *kantor* y el *kaddish*
de la creación
en que nos hemos convertido,
con los ojos en blanco:

He aquí el salón del trono del universo.

Donde las heridas supuran memoria,
y su pura llaga resplandece.
Ninguna mano ose
perderse en su interior,
ninguna.
Este reino no es de este mundo.

Aún

Derivarlo todo de la "mola",
harina espolvoreada sobre las víctimas
de la oblación. Inmolarse, cubrirse.
En aras
de un mapa muy antiguo
dividido en provincias ya inexistentes,
ríos con múltiples afluentes,
territorios aún por domeñar y disfrutar.
Incapaz de penetrar, arriesgar la entrada
a tus estados, tus novísimas haciendas,
sin tarifas ni aranceles.
Paso de largo,
la imagen de un oficial
incrustada en la espalda.

*

Me dan la bienvenida
al mar que bien conozco
momentos color acero y quieto
color brea y pesado

color helado y en compás, ningún tropiezo.
Sobre torres, sobre antenas,
confirman la leyenda,
la inscripción sobre monedas
o medallas:
mandé grabar en la imagen bendita
a la que, según yo, vivirías encadenado
palabras que abrirían el sésamo de tus afectos,
favoreciendo narraciones de sucesos fabulosos:
ir al parque, a misa, a casa de alguien de visita,
a descubrir alguna "zona", a lanzarse a la aventura,
viajes inciertos, fantásticos, históricos.

Y en un santiamén
se esfuman.
Nada de cadenas de oro, cuellos que abrazar,
musculatura y esqueleto.

Las formas del viento

1

El viento se abre de capa,
en canal,
hace caravanas,
admite
adjetivos de cantidad.
"Lleno del" mismo
equivale a "nada"
en sentido inmaterial:
"Cabeza llena de viento".
En su punto culminante:
artillería, holgura que queda
entre la bala y el ánima del cañón.
Y he aquí que se trata en realidad
de una simple corriente de aire
producida naturalmente por la atmósfera.
En el colmo de su vanidad, se dan "aires"
sus miles de rostros, miles de apelativos,
aterradores casi todos, ávidos devoradores:
el Aquilón, el Austro, el Bóreas,

el Céfiro, el Cierzo, el Levante,
el Mistral, el Monzón, el Siroco...
Y en la condición informe
manifiestan
sus emociones entresilábicas.
Sus venas que corren por un valle de lágrimas
sin puntos cardinales.

2

Quizás esté el secreto
en la unión,
el nexo entre él y uno.
Que permita la natural dicción,
la dirección,
el irse encaminando a un destino
inscrito
en el medio acuoso original.
Una brújula,
aguja puntiaguda que rompe la bolsa
de las aguas primigenias,
imantada ella, que gira libremente
sobre un eje acordonado
encima de un círculo que lleva dibujada
la rosa de los vientos;
aguja sin ojo que se orienta espontáneamente

en dirección norte-sur
y, haciéndola coincidir con la línea que marca
esta dirección
en la rosa,
puede determinar cualquier otro punto apetecible.
Náutico compás del universo.
Te nombro en letanía
para que muestres
las vísceras
de esta bitácora:
Esta vida
dividida,
divina
adivinanza.

3

Las aves saben
degollar
al viento
con el filo corporal.
Navaja de horizonte
cuyo acero ostenta
la carga de nieve
sobre alas
volcánicas.

Escritura Palmer

SIN yerro, falta,
culpa, pecado,
sin dedo yerto que la dejara
flotando en la bahía
del papel.
La *palma*
y sus líneas,
cauce de la efusión tenue,
sobrevivencia
de veredas,
un apunte de nigromancia.
Sollozante de nostalgia.
Aguardando nuevas abluciones,
quitar lavando,
rito del cáliz.
Vía dolorosa que,
por vía escrita, día con día,
debería irse quedando
sin carácter, sin s.o.s:
"¡imaginación muerta imagínate!"
habría de vociferar el carpintero

que logró cavar en su tronco
una mínima cuota
para expresar al fresno, al roble,
al eucalipto.
Mi *character*,
hierro de marcar,
mi peculiar, personal *kharaktér*
cariz, carátula, señal que se imprime,
dibuja o esculpe.
Al nacer: cincelada la mezcla
de alborozo y melancolía
en esa planta, *palma* quizás.
Huella que en el alma dejan
algunos sacramentos,
huella imborrable en la manera de ser.
El bautismo,
un deseo de quienes amaron y concibieron,
y tuvo que extirparse cual tumoración maligna
sustituirse por complacer a alguien,
por que descanse en paz.
De ahí
en fuera
la fortuna,
lavar el amor
para hacerlo reanimar,
de las aguas emerger
todos los días,

hacerlo paulatinamente desaparecer
del nombrable entorno
con cierto estilo o forma particular de glifo,
a mano o de imprenta...
Carácter borrable en virtud de sí.
No ser nadie. Nadie ser. No ser.
Cuando uno sabe. Se sabe uno.
Y el porqué de semejantes abluciones
en bellísima letra sobre folio,
su genio y su figura hasta el desquiciamiento.

Un navío cargado

A quien obtuvo la iluminación por vía eléctrica

ESTE muelle.
El que lleva hasta el faro
del punto conocido: *finisterre*.
Que presta oídos al dominio.
Que tolera la belleza metálica del mar.
Que resiste las ansias de sumergirse
gracias a la presencia acústica de un carguero
que porfía llevar en sus lomos
el tesoro de la luz en cursivas:
Bonita Light.
Ninguna botella de champaña
lo autorizó a surcar.
Iba embebido
el tránsito en su haber.
Bonita Light.

Nuestra charla fluía por intersticios,
detalles de nuestro suceder,

amargura, voluntad de salir a flote
o tocar fondo
en la ciénaga de un confín.
Ruge el bajel *bonito*
y me hace mirar la duela veteada por los años,
la sal, la espuma.
No dejes que desaparezca
este atracadero.
Luz de las hojas, luz eléctrica, *bonita light*
el nombre en la proa, la quilla,
el vértice parteaguas, *idus*.
Vamos directo al faro, me exigiste,
cada uno por su lado,
cuando en serio, en prodigalidad
me llevabas de la mano.
Y la sirena: no te distraigas,
pese al frío que te arroja a tierra
para que sepas cómo duele,
lo que se siente
lo que es canela
lo que es amar a Dios en tierra hostil
y vuelvas a mirar: ya clarea.
La sirena,
atronador relámpago
o simple escape intermitente de aire comprimido
a través de giratorio obturador,

número definido de vibraciones, necesidades de alarma
ante el amor, para lo que uno nació
sin dilaciones:
hay que cantar.

Glosa

PALABRA oscura, griega,
lengua.
De donde o desde donde
retratar con sílabas articuladas
llenas de espejo
es *hablar,*
es *transvasar.*
También es órgano y capacidad.
Y puesta en intervalos claros,
sobrios, desapasionados:
aclaración, comentario,
explicación o nota
añadidos a un texto.
Y:
"cierta" composición poética
en que se repiten uno o más versos
al final de todas las estrofas.
Que no es repetir lo mismo hasta la náusea
o la saciedad,
ni epímone para acentuar que he
desmenuzado ilusiones para quedar

entera
ante los demás.

Porque no logro completar mi persona ante mí,
falta siempre un pedacito que sé extraviado
disperso entre múltiples heridas
que he causado.
Acaso incurro, sin querer, en la gran sinécdoque
de este transcurso
"metáfora que consiste en designar una cosa con el nombre de otra
que no es más que una parte de ella (el pan, por los alimentos: danos hoy...),
o con la materia de que está hecha (oro o plata, por dinero), o con el de algo
que se lleva o usa (faldas, por mujeres)".
Reconocerme sinécdoque de agua
por glosarse entre dos géneros.
Puerta, portón, abatibles ambos.

Es maravilla.

Temo me encandile.
Sea sólo un epitelio rutilante.
Que a la vez es cápsula
intransmisible,
inexistente línea de la sangre.

Remanso

HUMO blanco desde la ventana
de la casa contigua, otro mundo.
Aquí junto.
El cónclave, invisible.
Un rostro difuso, sin facciones
en los espacios que se entreabren y entretejen.
Disuelto, intermitente, se define.
Cirio incandescente
en el vano de la permanente tempestad.
Certeza de una buena nueva
pese a su enormidad,
su desolación,
su inmediatez.
Una verdad
escondida en nubes de ceniza,
polvo,
testimonio
de órbitas
de suyo acongojadas.
Reales.

Vástago

En SEGUNDA persona se desciende
por la escala de Jacob
que sólo asciende.
Creyendo hallar un reverbero en las profundidades,
volver la vista
y de carne y hueso hallar al padre arriba.
La selva oscura.
Por instinto el sujeto se va licuando,
dando alas a una cercanía imposible,
una manera de rezar
en desbandada, un mantra,
aturdir el pensamiento
que vive porque quiere
dar marcha atrás.
Una cosa por otra,
lenguaje de galaxias que se emite
con grilletes: si digo golondrina
surge gorrión,
de boca en boca
la pena del talión, una *ley*
sin razón porque es talio, tallo

que pide castigo —por ser—,
daño causado al condenado
igual,
idéntico,
al causado por él,
ojo por ojo,
diente por diente,
tallo por tallo,
brotes por generación espontánea
en la gran encrucijada: lugar fijo, único
de los varios caminos en distintas direcciones.
Cruce y cruz.
En la rueda de las vicisitudes.

Segunda Parte
ANTIGUA LENGUA

Fatum

1

Momento errado,
relojería
prematura
ceromesina
hija del movimiento.
Punto que no admite
cantidad, lugar siquiera.
Nacida, ido, en cualquier rostro.
Ni antes ni después.
Si de verdad fue,
es y será algo que prefiera el antes
sin pertenencias.
Un entonces. Una sazón.
Enferma en calma, incómoda, turbada,
alterada, a quien el miedo nubla,
el dolor obnubila
en sosiego, sin violencia.
¡Y la intensa emoción contenida,
la alteración de ánimo que priva

de desenvoltura y aplomo?
¿El desconcierto?
El ir mirando los porqués.
Vendrá
por fin
otra vida súbita,
una sonrisa en los aires, una premisa.
Aunque de semilla apócrifa,
de origen en un golpe de pecho,
me oculto,
la estratagema
propia,
fábula trágica
desde cuyo balcón
se sobreentiendan algunos volúmenes de la Biblia
que aún siendo atribuidos a un autor sagrado
no se incluyen en el canon
por no ser considerados
de inspiración divina.

¿Y cómo extraerá inspiración
de tal simiente
quien ha sido arrojada por manos
indiscernibles
a un camino de polvo y paja?
Nada menos
que al sorprender a su creador

sintiendo algo por ella,
sin haberse congraciado.

2

Momento espurio.
A mis labios vino.
Voluta.
Desde mis astros
y rumbo al centro,
desde brillos ajenos
a los altares, las arcas, los rollos.
Entre babélica y endémica,
intimidad *in vitro;*
latentes luces de bengala que danzaban
al ritmo de lo que iríamos a vivir
al alba de los primeros libros:
contención leonina:
reconocer a la persona amada
y verla subsumida por completo
donde no hay mío ni tuyo.
Sólo *quid* ...

Hay que raspar lo que se pueda,
la costra suave,
y darle su lugar a la otra piel.

No permitir que la parte dura,
la enclaustrada,
lleve por el pasadizo
directo al testamento.

3

La última disposición.
Disyuntiva
en la geografía de una inocencia;
sus mares temblorosos,
sus párpados de Orfeo.
¿Qué es la vida
habiendo sido entrevisto
en agonía?
Aparición carnal.
No me mires, suplicaste. Todavía.
No obedecí.

Orfeo se acerca a la ventana.
Soy yo quien a lo lejos viene caminando
desde un paisaje juvenil. De frente.
Huelo a heno, a leche del establo.
No quiero volver.
Me jala desde dentro,
me tienta,

me ofrece
el naranjo en flor.
Nada de liras.
Puro silencio. Su calor.
Que me adhiere a este escenario.
Al unísono en el firmamento.

El coro susodicho

CONJUNTO cantor por dentro
aguardando la decapitación.
Tengo la máscara ósea
atravesada
por las flechas del sonido
que procede del dedo
que toca el borde
de una copa de cristal
y va de ahí a la punta de un aria,
perteneciéndole *ipso facto*:
oro en trinos,
canto de horas canónicas,
nada de iglesias, monasterios.
Adolescente en claro,
deseando sola y su alma
ser convicta iluminada
por tus ojos.
Coro de tragedia,
reducción al absurdo
de participaciones colectivas
en la representación.

Cómplice de las emociones
del solista. Ser eso,
colectiva engullición.

Tras las rejas cordiales:

¿Quién, qué eres,
por qué el agobio,
si gorjeas de dolor,
si enmudeces de euforia?

En sus *trece*

A TUS trece y en tus trece,
la frontera del pasado
ilumina
la burbuja que insuflas,
que siluetea tu aliento:
enorme como mañana,
partida en pequeñas entidades
que vas advirtiendo y te hacen reír,
te sacan las lágrimas.
Esferas acotadas, limítrofes,
que vuelan desde ti a los rieles
y los cables de todos los tranvías,
a otros rostros,
a cierta boca de la cual escapaba
el acto,
cuchillo en mano:

Esta playa helada —susurraba—
es tan bella en sus rompientes,
un deleite mesozoico,
gris-azul-gris-blanco-ir y venir

blanco de su blanco
que parece despedirse.
Despedirse repetidamente y deslizarse
por una curva de puntas prohibidas,
signos de interrogación totales
en esta lengua mía de mí:

> ¿Por qué languideces, rumor plumífero
> de ánades en celo,
> de cisnes color plata,
> de ángeles cayendo en copos gruesos
> sobre tenues corazones?

Timor vitae conturbat me.

Un decir

Por la incurable *onomatopeya*
golpeando
metal contra metal,
a punto de estallar
el tímpano.

Por la incurable *imitación*
(quién, qué)
del sonido de una hazaña
(pasan las pelícanos
y oprimen el impulso
del amor)
en el vocablo que convoca.

Sentidos que imitan sonidos
y delinean
una figura
retórica
(el sonido es lo primero
y será lo último,
fenómeno, capricho,

acontecimiento estrafalario,
monstruo,
deslizamiento suave sobre el hielo
y la caída
—silencio en medio del frío—
sobre una serie de vagones
que llevan gente a su destino:
el estrépito, el escándalo
asfixia el oído y lo convierte
en residuo.

Roto
el tracatraca, tracatraca,
nula distancia entre dos puntos,
líneas sobre los durmientes):
recuerdo
de tantas
desventuras,
desenlaces.

Níveas cataratas del Niágara

Primera escala

Tu tarjeta postal
cristalizada
por un tangible arco en el iris.
Si se trataba de una fotografía,
¿estarías observando desde el quinto cielo?
Desde el balcón de tu único
y verdadero
viaje,
tu poder de reflexión
en la punta de una pluma:
el vocativo
me haría ver mi suerte:
Purita.

Comenzaba a provocarte
lo que hoy exhala frente a mí
una criatura semejante,
un prójimo.
Lo veo venir caminando de la escuela

con la carga de sus relaciones incompletas,
frías o no, da igual, en un país suyo y ajeno.
Con el esfuerzo entre dientes
de una lengua que mucho significa
y placer causa,
añadiendo carretadas de escarcha al equipaje.
De quien merece reverencias
por proceder de una madeja eslava
que se desenreda en pos de un delta
mozárabe, ligur y castellano.
Alabanzas.

Segunda escala

Paso la mano por la banca del parque
cubierta de nieve
para congelar la remembranza,
a ti y a mí
en la plaza
donde todos los seres queridos
conversan
plácidamente
entre delicias
de una tarde yucateca,
escuchando los llamados de la alondra
cuyas patas, al alzarse,

hunden las de aquel asiento
hondo,
hondo en lo que se sabe
terruño.
Aquí cerca, ironías de la vida,
vino a quedar aquel otro, hecho de losa
y ladrillo. Helo ahí,
espera y aguarda, en calidad de muerto
que sobrevive
otoños,
hojas que más tardan en adornar
que en descomponerse.

Tercera escala

Embrocada en el barandal
de mi infantil palacio
te reconozco
en franco descenso por las cataratas
queriendo pintarlas,
haciéndome con ello
tu eterna *hospes*,
entregándote de lleno
a la mayor de las virtudes griegas.
Y luego, ya sentada junto a ti bajo ese chorro de agua,
mi sueño dorado,

o en la banca talismán, me pregunto
quién es visitante, quién forastero,
quién extranjero,
la hierba, las ortigas o el verdor del páramo
que se esconde y se asoma, vuelve.
O los charcos congelados donde las urracas
taladran en busca del tesoro
de un perpetuo camino de ida.

Que es ilusión de que
un buen día
las cosas cambien.

Cuarta y última

Qué duro
el rostro de la vejez,
ese instante en que ya nada es nada
e inexorable la pasión abisma.
Mejor despertar en cualquier otro panorama
y decir: qué mañana.
Con todo y arco iris.
Con todo y parque.
Con todo y despedidas:

Te *quiere* mucho,
Tu mamá.
La octava maravilla,
merced
a la tercera persona
espíritu santo
del singular.

Vidas de santos

La FELICIDAD a estas alturas.

Dos palomas atoradas
en la boca
de una chimenea.
Gritan hacia adentro
de un sí compartido
que las salve,
el pánico
no logra
desafinar sus frases
o perder el ritmo.
Disfruto este lamento.

Dos presos
sujetos al tiro
y a las fauces
de esta gran esfinge,
la casa.
Y dentro:

Acólito, te invoco,
monaguillo,
coreuta con sus ofrendas
en la mano,
el copón, el incensario,
la mezcla de agua y vino.
Te acercas al altar,
la escuela.
Tus manitas,
dos aves que apresan
el cuaderno, el lápiz.
Alcanzas a posar tu brillantez
en algunas cosas nuevas, rostros, muebles,
imágenes en carteles
que muestran la germinación y sus etapas,
la ubicación y el contenido de los bosques del planeta,
mapas. Naturaleza humana también.
Tu llanto a borbotones que quiere y no quiere
tener al alcance y manejar a gusto
el juego diverso, los guiños, las palmadas
que reconocen las auténticas ceremonias.

Cesa el zureo
entre las cuatro paredes
de la laringe
de esta morada.
Vidas de santos tendrías que leer

—recuerdo—,
comprenderías la historia
y el ulterior motivo
de tantos transeúntes,
tantos sonámbulos.

Tú conversas huecamente,
las palomas se desgañitan
y el niño vuela.

Aspaviento

ME DEJO llevar por esdrújulas incólumes,
doy la espalda al interior;
privilegio es constatar
el molino que mueve aspas
conforme los brazos te unen
a tu propia persona.
Tremor cordis.
Me tiembla el corazón
al renacer en el globo,
el mundo entre las grietas
de esta masa encefálica.

Sentada en las piernas de un adulto,
giro a diestra y a siniestra,
no logro estarme quieta ni un instante,
gusarapo,
no hagas aspavientos.
Y en el calendario,
la efigie de la inercia.

Calidad de inerte.
Se es.
Se está.
Ahí yacía su cuerpo químico,
incapaz de reaccionar con otros,
en reposo.
Permanecer así hasta que algo saque del mutismo.
Hasta que el recuerdo me haga mover un dedo
de buenas a primeras. Y sea el arte. Y esté al natural.
Y aquellas llanuras quijotescas
muestren el molino
y la contienda
entre sus aspas.

A duras penas

1

Hincada en un sillón de alto respaldo,
viendo llover.
¿Quién llueve?
Está lloviendo a mis seis años de edad,
acabo de escuchar por primera vez
con atención.
Acabo de aprender
a dividir esferas
y a quedarme inmóvil.
Paladeo, empañando el vidrio,
la distinta intensidad del aguacero, tormenta,
cortina líquida, tempestad,
chaparrón,
bolas enormes o livianas:
un sudar la gota gorda
un dar el cariño a cuentagotas.
Alguien sin expresión ondea como bandera,
el que llueve, el que torna el acto inconjugable:
Lluevo yo, llueve Dios.

Al otro lado de esta cortina fresca,
mi madre conversa con su hermana.
La está consolando, para variar.
Porque ella es feliz, lo suficiente para ignorar
la lluvia,
para ser *de suyo* memoria involuntaria.
Su tic-tac.

2

La caída, el goteo sobre el patio de cemento
hace canastillas disueltas al instante.
Un poco más allá, sobre la superficie del estanque
disimula su imparidad. Se aúna.
Como hombre y mujer, una y la misma carne.
Delirio, paraíso, invisibles y visibles,
entre azul turquesa, blanco perla
y verde ala de mosca ondulando,
se me entierran en los ojos,
reverberación.
Como un balazo.

Por primera vez
un salón de clases, un plantel,
un cuaderno de iluminar.
De noche no concilio el sueño.
Demasiada agua sin lágrimas.

Demasiado a flote.
Me arrincono en la tibieza
de lo negro.
Pero veo todo. Lo creo.
Al darme vuelta, me topo con más agua,
tu ceguera.

3

De tus cuencas surge un río lodoso, constante, doliente caudal.
Andas dando vueltas como una desquiciada.
Intolerable la respiración acompasada de los demás
que, dormidos, despiertan por dentro. Y perciben a colores.
Prendes el radio. La estación te da la hora exacta cada minuto.
Habrías querido ensordecer.
Morirte y que valiera la pena.
En cambio, *a duras penas*, fluyen tus líquidos amargos
golpeándonos en pleno rostro,
excluyéndote a voluntad, vistiéndote de oscuro,
comiendo aparte, tiranizando con olores, hedores, aromas,
sin la peregrina idea de festejar alguna cosa.
Escrúpulo vivo.
Un todo en contra.
Un incesante duelo misterioso
como la virginidad de María, antes, durante y después del parto,
de dos filos esta daga, esta vulgar, común y corriente bagatela,
"este destino cruel que nos separa".

Descripción es revelación:
si vislumbras la verdad
y te revuelcas en ella
la harás desaparecer,
acaso hagas llover,
acaso seas quien llueve.
Hay que atarla al cuello
como soga de cadalso,
como escapulario.

Describir

Un músculo es el corazón,
un órgano que habla.
Expresa lo que ocurre afuera.
Retrata a tamborazos,
en círculos concéntricos,
las distintas claves.

Revelar

Quito el velo, te doy a conocer,
te muestro en el paño de la Verónica.
Me figuro
en el pirul,

ese árbol inmenso, de tronco rugoso,
frutos que son flores, redondos, pequeños,
casi pura cáscara.
Dos niños entre sus ramas
se preguntan cosas, pelan y desgajan
la curiosidad, sacan jugo
a lo que sí y a lo que no entienden,
queda la sustancia entre los dedos,
pegajosa confidente.
De ahí mismo se amarraba una cuerda
que sostuvo piñatas incontables
o sirvió de liana.
Lancé un alarido, previéndolo todo,
y alcancé a elevar la vista al cielo:
las ramas del pirul, plenas.
Ambidiestros,
nuestros secretos.
De dos caras, escapularios.
Nunca volvimos a hablar de esa manera.

Luz natural

UN EXTERIOR total.
Un interior radiante.

El sendero de grava
es criba entre uno y otro
fragmento mineral.
El rayo al mediodía.
La lucidez de la noche.
Y dura tan poco.
Despedida en cadena,
tapiz de fugacidad apetalada.
Lo vivido aquí no cuenta.
No en ausencia de
palabras infladas de claror,
cuánta humedad de entrañas,
cuánta verdad en los deseos,
cuánto esperar la aurora,
cuánta fortuna en la tiniebla.

Este banquete apesta.

Stricto sensu

No recuerdo gran cosa de mi vida privada
INGMAR BERGMAN

EN SENTIDO estricto, nazco
bañada por el fulgor de una presencia.
Marcada entre el índice y el anular
de la mano derecha,
sobre la cima muscular que protege
la última falange.
Una montaña hizo a Mahoma dirigirse.
Y por más que me aferro a la Sierra Madre,
otra fuerza me imanta al descenso
de minutos y segundos
donde yo no era yo.
No era más que océano pulsando,
apaciguándose y siguiendo,
sin tocar el centro en llamas.
La idea de un hogar,
de hacer tumulto de los momentos más felices,
muñecas, cosas por doquier, objetos del engaño
ante dos imágenes poderosas: la purísima Concepción

122

y Santa Teresita con un ramo sin fragancias.
De hacer caso de la rabia.

Me dirigí a mi tristeza como a una habitación.
Y me encerré con llave. A piedra y lodo. Bajo cadenas
y candados. Y pronuncié *in*discernible.
*In*traducible hallé el torrente
de tinta *in*deleble.

¿Cabrá la crueldad en este sitio?

SE ABRE un abanico de ocres pálidos.
Una mano con el pañuelo al aire.
Alguien está muriendo.
Me late.
Por los enigmas de los votos.
Por la confianza que has sembrado
en la arboleda de nogales,
rudas cortezas que vendrán.
Terrenos ancestrales
para seguir amando.
Y confirmar la mortalidad del pensamiento.
Mi ruego es
            incipiens, entis,
            apenas una parte de emprender,
            lo que principia.
Cuando seas capaz de emitir tu propia nota
desafinar
con fe,
confesión rendirás
desde la raíz.

Dirás a alguien una cosa
que has procurado ocultar a los demás.
Los pecados al confesor:
  Me acuso de no tener nada que ver
  con el ámbito
  y no querer vivir.
  De odiar a la divinidad que me quitó tierra bajo los pies.

Ego te absolvo
in nomine Patris et Filio et Spiritu Santo.

¿Habrá penitencia, cabrá la crueldad en este sitio?
  Estar atada a la palabra por siempre jamás.
  Un avemaría tras otra, el fruto de tu vientre.
  Una salve tras otra, esos tus ojos misericordiosos.
  Una jaculatoria tras otra. Una perpetua letanía.
  Una casa de oro, un espejo de la mañana.
  La poesía.
La emoción golpea las sienes,
la mayor concupiscencia,
sílabas en ronda encadenadas.
Del oxímoron. De la concordancia.
Los buenos días concedidos por la "salud de los enfermos":

Mi bien, aquí estoy, no me he ido.
Espero tu descripción del universo,
figuras que cobren vida, oximorones:
un bien miserable o un dulce dolor.

Demiurgo

GRAN orfebre:
tus pájaros de barro te increpan desde las faldas del volcán,
en perfecta escuadra, punta de flecha del artesano
del maestro;
se clavan, negrísimos, en tu pupila expuesta.
Con los picos llenos de mensajes,
son intérpretes del arcano de las travesías.
Sueldan la materia, hermeneutas.

Gran orfebre:
estamos en abril. Limones, buganvilias,
jamaica en flor, azaleas
que murmuran: toda muerte es un suicidio.

Aquella época en que comenzó
a colmarme la conciencia,
haciéndome atender a golpes,
con una carnada, un aliciente:
el jilguero trinaba loas y liras,
y mi torpeza lo atrapó, lo apretó tanto que lo hizo enmudecer.
Aves negras, las sin canto, emergieron desde mi infierno personal,

halcones, buitres, zopilotes en círculos independientes,
torbellino que no avanzaba,
sólo levantaba un polvo atroz,
la certidumbre de un *limen*.
En vez de sacarme los ojos,
me los reventaron.
No podré nunca estar en ti, demiurgo.
Des
fallecerías.

Montana

Un SITIO, un estado, muy cerca
de Dakota, de Nebraska.
Geografía verdísima, pródiga, vasta.
Frente a mí,
un gatillo, como tantos otros medios con un fin,
como tantos bellos detonadores.

Allá a lo lejos, caballos salvajes engarrotados,
casi petrificados por el frío. A punto de expirar
sin ayuda de la enfermedad.
Pero no. Esos bultos tiesos volverán al galope sin brida.
Y el disparo real: poder acercarse a la cabeza del animal,
poner las tersas crines junto a la mejilla, sin miedo, sin distancia.
Iconos con veladora permanente fueron desde entonces
la hilera de montes, el caballo y Montana,
que parecía algo mal dicho.
Un ruido extraño, una "mala palabra" acompañada de un "mal pensamiento".
Me hallaba en el limbo ahí, distraída, atolondrada.
Las colinas me dieron a entender el cambio de norte:
igual que entre montana y montaña,

éste es el limbo
de quienes bajo el cuidado
de incautos o inocentes
abrieron la aldaba
del sino.

Cisma

Hay tal.

Justo en el cuerpo del cisne.
Un animal enorme, del tamaño de un mamífero robusto,
de una ternera ya crecida, alimentada con miradas
cotidianas. Sin la dureza de lo que "hace tierra".
El cisne carece de pezuña. No mete cizaña.
Murió a manos de un ser humano. A golpes.
Con un mazo, algo útil.
Los choques sordos, opacos de este utensilio vuelto arma
sobre su carne, su pobre plumaje que, lentamente,
se va tiñendo de carmín. Su sangre. Su falta de respuesta,
su otra mejilla en todo el cuerpo.
Su clara condición. Su para qué torcerle el cuello.
Su porque sí del soltarlo, dejarlo caer;
el pico, un ancla. El porque no de su canto, su entrega
a la fuerza bruta bajo el sol poniente.
Tardó más de veinticuatro horas en partir.

Conjuro, palabras mágicas, vengan a mí:
llévense este animalazo hecho pedazos.

Entre varios hombres lo han cargado en una red
de buscador de perlas.
Digna de brillos blancos nacarados.
De transmigración.
De, roto el hechizo,
cisne por dentro.

Adoptivo

AL HABLAR de ciertos niños de mirada triste,
hábitos extraños, "mañas", olor a rancio,
no a jabón *Maja* o al posterior *Palmolive*
de la gran ciudad y la educación
como Dios manda,
se empleaba en la mesa
el término "adoptivo".
Yo estudiaba esa semántica.
Me quedaba patinando en tal gramática.
¿No se referirán a un pequeño
que ha sido adoptado? Demasiado fuerte el participio.
Nunca será lo mismo decir que alguien es
su hijo adoptivo que hablar de un tal por cual,
y concluir: es adoptado.
En un "ado" sin hache muda (con hache invidente)
quedaba quien había venido al mundo
porque nadie supo qué hacer para que no.
Los tutores serían castellanamente rígidos.

Qué distintas las historias de quienes vivían
la misma situación ignorándola hasta cierto punto

y hasta cierta edad, en que sobrevenía la revelación de los misterios.
Amor: enigma: llaves del reino
ex abundantia cordis. A éste le provocaba
un tumbo la noticia. En el mejor de los casos,
eran adoptivos. Y aquel buscar semejanzas entre mis cejas y las tuyas
o entre nuestras cabelleras, en un tris,
probaba un cabal "hacerse las ilusiones".

En torno a la mesa,
nosotros cuatro.
Físicamente, no dibuja
un círculo este mueble,
pero como si lo hiciera.
Cuánta luz.
Miramos nuestro parque.
El prisma
no requiere explicaciones.

Unos cuantos brotes nuevos de lilas silvestres,
algunos narcisos ya marchitos, incipientes tulipanes.
Tres árboles de la misma altura, o estatura,
gigantes adolescentes en competencia.
El de en medio, bien distinto, tiene sobre sí
la invasión de una enredadera que ha abierto nichos,
que a su vez cerrarse pueden, a las aves migratorias.
De pronto:

¿Ven ese pajarito gordo,
café opaco?
Trina
el diminutivo.
Es un bebé
en espera de su madre
que, día con día,
le consigue bocadillos.
También una expresión
que empequeñece
a la antigüita.
Pajarito bocadillo. Bocadillo de pajarito.
Lo imposible, cual migaja de pan,
se desmorona
literalmente
en nuestros rostros.

Uno de esos seres, de brillante plumaje negro, pico
color naranja tropical, cola cual biombo de Oriente,
en espera de propicias temperaturas. Lleva algo
que aún se está moviendo. Cuidadosa, bondadosa,
tiernamente lo va ofreciendo al robusto infante
poco a poco. Congéneres opacos y sin gracia alguna
se transforman en la hermosura misma. Más allá
del nido original, del árbol genealógico.

Quién sabe. Acaso
se trate de un hijo
adoptivo.
Retumban nuestras carcajadas
familiares, seguras,
acurrucadas
en el privilegio.
Recuerdo tu pulso acelerado
ante la noticia de que al fin
te darían aquélla niña en adopción.
Shh. Silencio, ni una palabra.
Que jamás se entere nadie.
Cambiaré incluso ciertos rasgos
de mi tan peculiar fisonomía.
Quemaré todas las fotos anteriores.
Mejor aún, recortaré mi rostro
solamente, porque lo demás,
las fiestas, la familia,
sí lo quiero recordar.

Carnaval itinerante, tornasoles,
apariencias.
Si la gente que se ama se parece,
hablando de pájaros no cabría la menor duda:
una y la misma sangre en orfandad.

Algodón

Las olas, mar picado,
de los campos de algodón
en Georgia, en Alabama,
esa planta malvácea, según erudita
descripción de mi padre,
cuyo fruto es una cápsula
que contiene varias semillas
envueltas en una borra blanca.
Me hacían gracia estos detalles
de manual antiguo de botánica
con sus grabados *ad hoc*,
en combinación con la borra
manchada de aceite,
abandonada en un rincón de la cochera.
Las olas de este prodigio
entrelineadas en las confesiones de Nat Turner
y las orlas del vestido
de una joven madre
que me llevaba de la mano.
Ella subió al camión primero.
Por eso pude recorrer, en una travesía

interminable, microcosmos en eco,
sus zapatos de tacón alto,
sus medias con costura atrás
y el vestido de algodón.
Estampado, ligero,
apropiado para quien viene de provincia,
de tierra caliente.
Pregunté: ¿es nuevo?
Ella sonrió, pero yo regresé,
como de rayo, al corredor del segundo piso,
a sus pasos y a la cinta métrica de colores
colgándole del cuello. Al patrón de papel biblia
desplegado sobre la mesa de tareas.
No se diga más.
Escúchense, sí, y con sumo cuidado,
las notas que venían flotando, sólo para mí,
al mismo tiempo, desde la casa de la esquina
donde iniciamos aquel viaje. Volteé, y ni los vuelos
del algodón o su instantánea y evocadora procedencia
en geografías tan propias de su acento
me lograron distraer de aquella música y su letra:
"Presta oído a la elevación de nuestra voz".
Yo no sabía alemán y, sin embargo,
cinceladas en la mente tengo
Höre wie wir, die Stimme erheben,
er he-e-e-e-e-E-e-e-e-E,
etcéteras de un canto que no miente,

que no remite a Dios
ni a las plegarias que fui aprendiendo
de labios de esa misma mujer después,
sino a la deslumbrante
albura
de un vegetal,
el algodón,
la tela que de él provenía,
y el dibujo cacofónico de sus flores
estampado en la sensualidad urbana
de otras épocas.

Azahar

MI AGORERA ubicuidad resonó por aquel túnel
conforme te consumían las llamas.
No hubo azares
ni amadas flores del naranjo
azahares
con el mismo origen
ideal en infusión,
sedante.
Símbolo de la pureza,
parte del atavío mayúsculo.
Mi apelativo, *lo mío*, fue
metamorfosis
del azar a secas.
El de ni esto ni aquello,
supuesta causa de los sucesos
no debidos a una necesidad natural
ni a una intervención intencionada,
humana o divina.
Nuestra casualidad le seguirá
perteneciendo al huerto,
no a un común y corriente juego

de cartas, de dados,
y el punto con que se pierde.
Punto de fuga, sí, edén
donde flotaban las esperanzas
que abrigabas:
verme en el acto
de lanzamiento
al vacío.
Sentí tu empujón en el momento
en que morías,
y la sonrisa.

La carcajada, un nítido *crac,*
un chasquido, no, un *crac*
como de escopeta
o de nota bien colocada
desde el abdomen
que se dispara
por el velo del paladar
hasta la tapa de los sesos,
en alucinación de oxígeno.
Y
el divino acorde
de la ocasión,
la oportunidad única
que se va apagando
junto contigo.

Materia médica

CUALQUIERA.
Y si un afilado escalpelo
rebana el umbral,
todo puede dar lugar
al instante con sólo
dejar entrar el aire.
Parece mentira.
Así se mira el flujo de la sangre
en los demás.
Desde la punta de los nervios de los pies
hasta el cerebro en simpatía
te busco.
Milagrosamente apareces dentro.
Me anestesias.
Con lujo de detalles,
la intimidad se reduce a una silueta
cuyas piernas muestran los rasguños
de haber estado
más allá de uno mismo.
Y hasta el quirófano se cuela una llamada.
Alma mía, escucho tu respiración,

el velamen de lo aún por significar.
Lo por contener dulzura.
Lo por sahumar la peste de la herida
que necesita el aire.
Lo por sanar.

Un acantilado

1. Altar

¿Será falacia el desafío al universo
de quien construye con piedra?
Un hemisferio entra en breve contacto con el otro:
el tabernáculo se alza en el rostro de quien pregunta
y el arca de la alianza en el de quien responde.
Un espejo entre ambos.

La piedra que todo lo fundó
pasma, deja boquiabierto.
Aviva el fuego. La imagen propia en la roca.
En esa asfixia lamentada
o en esa cremación lucida
en el discurso banal.
La sustancia elemental
permanece a las orillas
de una obviedad de piedra.

2. Espíritu de martirio

En las cercas, en las bardas, en los muros,
en los tejados y los encalados.
Hasta por los suelos.
Hasta por los cielos.
Hay algo que obstruye entradas y salidas.

La piedra

al centro de la prístina laguna.
La mano que la arroja,
del extranjero, fuereño,
del oriundo, lugareño,
del nativo, natural de.

La piedra

núcleo de las intenciones,
en la concepción.

El ulular de la increíble
madreselva.
Selva madre
en el momento preciso.
Sincronía de la autofecundación.

Esa piedra

atada a los tobillos
en nuestro primer salto
mortal.

Antípodas

ESPECULEMOS tú y yo,
delicada cutícula el uno,
delicado cartílago el otro.
Crisma, uno,
planta, otro.
Examinemos el propio
lo.
Tratemos, comerciemos,
negociemos. Aprovechémonos
de la inocente condición del
observando.
Vayamos a su génesis,
toquémosle la punta.
Merodeémoslo.

Y por ese pequeñísimo orificio
que se abre de repente,
de eclipse impredecible,
de sismo etéreo,
me asomo a nuestra condición
de antípodas. Tú cantas y yo siento

que estás gritando; pero como es tu alma
lo que surge de mi boca,
en la frase repercute
tu muy peculiar coloratura.
Tú me guiñas el ojo
y yo te obturo el lagrimal.
Mis paréntesis y entrecomillados
son tus puntos suspensivos.

Nos hemos dado cita en el eje.
De cabeza, uno para el otro.
Si nuestro deseo
de ir más hondo uno del otro
muestra su cristal,
podremos taladrar con nuestros respectivos sucederes
y llegar,
tocarnos al fin los pies,
perder la cabeza.
Indagaremos tarde o temprano
nuestras fechas de muerte y nacimiento.
Tendremos una misma identidad.

Artículo de fe

EN EL poder del viento para dirigir la aurora
y su minúsculo destino
de un día en particular.
En las páginas y páginas que intentan
alguna definición.
Mientras ruge el *hacer* allá,
doblando árboles milenarios,
que besan el sagrado suelo que pisan.
Que los enciende y alimenta
e inventa su creciente y su menguante,
la copa frágil,
el follaje
burbujeante, desorbitado.
Femenina, una, masculino, el otro,
cercenados sus visos definitorios.

Todo tan cerca.
Avanzábamos inermes. Alcanzamos la cima
y nos volteamos a ver unos a otros.
Como Narciso, nuestra imagen

multiplicada en los estanques
del amor propio,
la sublime antigüedad.
Creíbles.
Artículo de fe.

Desideratum

Lo MEJOR que se puede desear.

Avanza plácidamente entre el estrépito
y la precipitación. Recuerda la paz
que acaso habite en el silencio.

Lleno de tinta el pensamiento.
Dos rebanadas: origen y sombra.
Desde muy niña vi el fuego fatuo y la llama,
seres indivisos que iban de la mano.
La combustión que va creciendo,
habitando, sollozando.

Mucho ruido había tras el telón de fondo.
Cuentas de rosario que pasan,
lentas, entre índice y pulgar.
Demasiado.

Fuera de quicio, avancé
desde el ciruelo hasta el durazno.
Desde la mata de plátano que nunca dio

150

hasta la higuera que sí.
Como María Egipciaca al hablarle a Nuestra Señora
antes de la santidad, de la canonización,
del boca en boca de sus actos mártires.
Antes del ascenso.
Porque después se le tildaría de pobre mujer.
El último día que abrió los ojos
su soledad equivalía
a la luz que irrumpió
en aquella pobre celda,
aquella alcoba con lecho de baldaquines.

Entre volcanes

HABER nacido entre volcanes
aparentemente extintos.
Suelo que se agita por designio.

Un escalofrío. Un terremoto.
Alguien iba y venía
revisando si algún muro,
alguna lámpara
estarían por desprenderse
sobre los durmientes.
Podíamos perderlo todo.
Ni lo mande Dios.
Nos reduciremos a Pompeya.

Una desnuda circunstancia,
la de este tragaluz en invierno
me ha revelado el rumbo
tras la niebla.
La nieve se tornará deshielo
y la luz, negación del miedo y la atrocidad.

Casa que traga la luz en una lengua antigua,
que es luz celeste en antigua lengua
y ventanal aquí.
La tierra prometida.
Verdadero tragaluz de noche.

El viejo panteón

(Berlín)

"Por favor respeten el silencio y la tranquilidad
de los muertos". Sobre todo, porque éste
era un lugar de descanso que se perturbó.
Con brutalidad se extrajeron
los huesos, los polvos de vísperas,
vigilias, preámbulos, antemanos, anteantaños.

Raza antigua, pobre raza odiada por ser,
tradicional fénix.
Ancestra en quien los muertos
entierran a sus vivos:
encadenando nuestro deseo a la memoria,
transubstáncianos en muertos inmortales.

Hoy cedros majestuosos pueblan ese campo santo.
De niña imaginaba el madroño como zarza ardiente
o candelabro. Y el fresno como una veladora.
Persiste una floresta inapagable.
Respira en todo.
Flamas, lenguas muertas en carne viva.

154

Índice

Este libro se terminó de imprimir en septiembre de 2003 en los talleres de Impresora y Encuadernadora Progreso, S. A. de C. V. (IEPSA), Calz. San Lorenzo, 244; 09830 México, D. F. En su composición, parada en el Departamento de Integración Digital del FCE, se emplearon tipos Minion de 20, 18 y 13:16 puntos. La edición, que consta de 2 000 ejemplares, estuvo al cuidado de *Rubén Hurtado López.*